Émile Montégut

Les Fantômes
de la démagogie

essai

ISBN : 978-1530839803

10 9 8 7 6 5 4 3 2 1

Émile Montégut

Les Fantômes de la démagogie

essai

Table de Matières

Les Fantômes de la démagogie

Nous ne savons plus quel sceptique prétendait qu'il aimait mieux rencontrer la nuit sur son chemin un spectre qu'un vivant. En effet, disait-il, un homme qui possède à la fois un corps et une âme est bien plus redoutable qu'un fantôme, qui n'est, après tout, qu'une âme errante dépourvue d'un corps. Ce qui la rend si redoutable n'est que son invisibilité, ses longs gémissements, l'horreur de la nuit et les circonstances de temps et de lieu au sein desquelles elle apparaît. – Nous sommes tout-à-fait de cet avis. Les fantômes n'ont d'autres pouvoirs que ceux nous nous leur prêtons. Les frayeurs qu'ils causent, l'effroi qu'ils inspirent sont leurs armes les plus terribles. Le socialisme est-il un fantôme ? La société, au contraire, doute-t-elle de sa réalité ? Si la société est une réalité, elle a en elle une force double de celle que possède le socialisme. Pourquoi donc s'effraie-t-elle ? Pourquoi, au lieu de marcher droit sur lui pour l'interroger, les hommes de notre temps s'arrête-t-ils à deviser entre eux, à se communiquer leurs craintes, comme les compagnons d'Hamlet sur l'esplanade du château d'Elseneur ? Qu'ont-ils à craindre ? et quel mal est pire que la peur, qui, en paralysant les forces d'action, nous livre inévitablement à nos ennemis ? Assez longtemps la société a été livrée à des craintes chimériques ; assez longtemps, comme les enfants, elle s'est effrayée des sifflements du vent et des bruits de l'orage. Il est temps qu'elle se rassure, et qu'elle sache qu'elle n'a devant elle que des fantômes. Il faut enfin que toutes les puérilités de l'opinion se dissipent, et que la société vive comme elle a toujours vécu, dans la lumière, dans la réalité, dans la vie.

La grande faute de la société, c'est que, depuis deux ans, elle fait la chasse aux fantômes. Imprudents ! vous rédigez des journaux, vous publiez des brochures ; mais c'est toi ce que les fantômes demandent, mais vous flattez singulièrement leur orgueil, mais vous les faites passer par là à l'état de réalités, vous affirmez leur existence. Depuis deux ans, tout ce qu'on a écrit sur le socialisme est vraiment prodigieux. M'est avis qu'il aurait mieux valu employer son temps et son intelligence aux objets auxquels on les employait autrefois, qu'il aurait mieux valu continuer à écrire des romans, à faire représenter des drames, à publier d'innocente poésies. Vous

vous faites les complices involontaires du socialisme en le discutant si souvent et si longuement. Nous voilà donc, disent-ils, pris au sérieux ; le corps que nous cherchions, on nous le prête : qu'avons-nous besoin de le chercher plus longtemps ? La vie que nous n'avions pas, on nous la suppose ; nos forces, inégales en réalité, ne peuvent-elles se démontrer aussi nombreuses, aussi énergiques que celles de nos adversaires ? Nous sommes considérés comme un parti, nous qu'on appelait naguère théoriciens, utopistes, esprits chimériques ! Nous pouvons donc faire de ce monde notre domaine, nous pouvons triompher des vivants !

Ces combats, ces discussions avec des ombres, sur des rêves, ont encore un autre inconvénient. C'est qu'ils forcent la société à poursuivre les fantômes qui viennent la troubler, ils l'obligent à sortir de son repos pour vaincre des ennemis invisibles, et qui fuient toujours plus loin dès qu'elle s'approche. Prenez garde, le socialisme ne demande pas autre chose. Les feux-follets savent aussi faire briller aux yeux du voyageur une clarté douteuse, ils l'entraînent dans les marais qui leur ont donné naissance, ils l'attirent dans les tombes d'où ils sont sortis. Les escarmouches auxquelles vous invitent vos adversaires, ce sont des ruses pour éviter le combat sérieux, des pièges qu'ils vous tendent pour vous faire tomber sans vous fournir l'occasion de la lutte, pour empêcher toute défense de votre part. Prenez donc garde et résistez aux propositions de combat qu'ils vous font à toute heure, résistez à ces séductions de la discussion philosophique, chère à toutes les véritables intelligences ; oubliez que vous êtes des gens d'esprit et fermez vos oreilles à ces provocations que vous adressent les plus vilaines et les plus hideuses des sirènes.

Et cependant, comme toujours ici-bas, le mal est à côté du bien : il est résulté pour vous un avantage de cette croyance à l'existence d'êtres chimériques. Cet avantage, c'est qu'eux-mêmes se sont pris au sérieux. Ils se combattent maintenant comme des êtres doués de vie, et de passions ; ils détruisent par là, les uns, au moyen des autres, l'apparence d'existence que vous leur aviez prêtée. M. Louis Blanc tonne et fulmine contre M. Proudhon ; M. Pierre Leroux lui-même intervient dans le débat, tout exprès, dirait-on, pour se faire écraser. M. Proudhon, qui a ait déjà anéanti M. Considérant, s'occupe à cette heure de sceller dans leur tombe ses deux nouveaux adversaires ; mais lui-même, le plus énergique de tous qu'est-il, lui aussi ?

En attendant que ces spectres s'évanouissent, et pour comprendre leur néant, il suffit peut-être de les regarder d'un peu près, on ne saurait trop déplorer l'état dans lequel ces frayeurs insensées, ces discussions sans fin, ces craintes, ont jeté la société. Elles ont créé la confusion des langues, elles ont perpétué l'anarchie. Elles ont maintenu cette situation vague et sans solidité dans laquelle nous sommes plongés depuis deux ans ; à force de combattre avec des fantômes, nous avons pris aussi quelque chose de la tournure de ces fantômes. Jetons un coup d'œil sur l'incohérence qui domine, et efforçons-nous d'en sortir. Incohérence, incertitude, domination, du fait, réalité qui se fond en rêves de tout genre, voilà les caractères de la situation actuelle. Nous nous laissons trop dominer par le hasard ; mais le hasard n'est pas notre maître ici-bas : ne l'accusons pas, ne le faisons pas intervenir dans nos malheurs. Ce qui fait notre mal, c'est notre inexpérience à savoir glorifier, abattre, aimer ou haïr les faits qui passent sous nos yeux. Ne nous laissons pas dominer par les faits, soumettons-les ; redevenons les maîtres de la réalité, et la fatalité qui nous enchaîne sera brisée.

I – La nuit de Walpurgis

Le caractère principal de la situation, nous l'avons dit, c'est l'incohérence, et la cause principale de cette incohérence, c'est la pression que les faits exercent sur les hommes de notre temps. À l'heure qu'il est, la réalité dépasse de beaucoup les romans les plus extravagants. La logique n'a plus d'empire et doit abandonner : ses combinaisons, à chaque instant renversées. Autant vaudrait demander à l'homme qui sommeille de conduire ses rêves que de demander à notre temps d'accomplir une entreprise avec certitude, et de réaliser complètement un projet. Le temps actuel est une fantasmagorie, un assemblage de couleurs discordantes, de tons criards, de costumes archaïques, de spectres mêlés aux vivants, de fantastiques apparitions nées du chaos ; les aspects changent à chaque instant, les passages fuient et se succèdent comme dans les rêves.

Émile Montégut

Cette incohérence se manifeste dans les caractères de la manière la plus remarquable. Si l'on cherche ce qui constitue, à proprement parler, le caractère, ce qui en fait le fonds, on trouvera que le caractère repose toujours sur un point fixe, sur une idée inébranlable dans la vie privée, et, dans la vie politique, qu'il repose bien moins sur la force de la conviction personnelle que sur l'appui d'une tradition acceptée et existante. L'opinion ne fait pas le caractère ; l'opinion relève de l'intelligence, faculté mobile, imaginative, tandis que le caractère repose sur les lois éternelles de la conscience et de l'ordre moral. Or, telle est la pression extérieure que les faits exercent sur nous, que notre conscience se rétrécit et s'allonge à chaque instant pour s'accommoder avec eux. Le caractère, socialement parlant, résulte des habitudes fixes et régulières et du milieu dans lequel l'homme vit et agit. Aujourd'hui chaque individu est le point central de la terre, l'axe du monde. Nous faisons de vains efforts pour vivre comme nous vivions naguère. Le côté le plus curieux de nos mœurs depuis février 1848, c'est la gêne visible, l'embarras du maintien, l'hypocrisie de l'allure, le mensonge des démarches. On sent qu'il faut se créer, en face d'une situation nouvelle, une autre méthode de conduite ; mais ce suprême effort, on hésite à le tenter, et l'on cherche timidement à renouer la chaîne rompue des anciennes habitudes. Le moyen pourtant de s'étourdir et de laisser voir, par exemple, des passions et des tendances autres que des tendances politiques, à l'heure qu'il est ! On ressemblerait à ces hommes qui, au sein d'un vaisseau entr'ouvert par la tempête, continuent encore leur repas commencé, et restent dans leur repos habituel. Tout se tait donc devant les faits ; les passions elles-mêmes se replient et s'éteignent. Les mœurs n'ont plus de relief, plus d'éclat extérieur ; elles se cachent avec peine, elles se manifestent avec crainte. Jamais pareille hésitation, pareille incertitude, n'ont existé.

Dans les choses intellectuelles, bien plus mobiles, qui ne se soucient pas de point fixe, comme le caractère, et de coutumes régulières et stables, comme les mœurs, le même phénomène se produit. Chacun s'applique à faire de sa pensée une chose matérielle, retentissante, propre à passer de main en main, comme une pièce de cinq francs ; on la condense en conseils, exhortations, lettres à celui-ci et à celui-là, ou en pamphlets mensuels. L'intelligence s'efforce de plus en plus, nous l'avons dit, de ressembler aux faits matériels, aux choses extérieures ; mais là ne se bornent pas encore les traits caractéristiques de l'incohérence intellectuelle contemporaine. Nous assistons en outre à une véritable course au clocher intellectuelle… L'intelligence, à chaque instant prise au dépourvu et dépassée par les faits, s'efforce de les rejoindre, emploie toute son activité afin de les ressaisir. Ce ne sont plus les faits qui découlent de la pensée, c'est la pensée qui est déconcertée, entraînée, subjuguée par les faits ; elle s'épuise dans ces courses perpétuelles, dans ces luttes, sans acquérir aucune expérience dans ces étranges voyages, où le but est d'arriver, et rien autre. Alors, lasse, fatiguée, elle retombe sur elle-même et se livre à des rêves sans fin, rêves du passé, prophéties somnambuliques, doctrinés décousues, discours sans motif. Les faits sont plus forts que le caractère, que les mœurs, que l'intelligence dans notre temps.

À toutes les époques, on peut juger du degré de liberté morale de l'homme par l'énergie ; d'action dont il fait preuve. C'est par là seulement qu'il dompte les faits et les subjugue. Sans l'action, la pensée est impuissante ; elle peut bien diriger, mais non pas conquérir. Aujourd'hui, notre désir d'action, disons mieux, nos velléités, sont à chaque instant paralysées. Nos désirs d'action sont contredits par notre tendance au repos, notre impuissance d'application, notre ennui, et surtout par nos alarmes. Chaque fois que nous voulons agir, une sueur froide se répand sur notre front, comme sur le front de l'élève en sciences occultes sur le point d'évoquer pour la première fois les esprits. Nous craignons que les faits ne soient plus forts que nous ; nous hésitons, et l'incertitude est la seule déesse qui nous conseille. Nous adorons les faits accomplis par crainte et par terreur, absolument comme les anciens Egyptiens adoraient le crocodile. Ce n'est point par amour du meilleur, mais bien par crainte du pire. Le doute nous arrête toujours à moitié chemin, et la libre volonté n'emploie plus ses forces, dans notre temps, à combattre contre le mensonge, mais bien contre les doutes intérieurs. C'est en cela que consiste l'héroïsme du XIXe siècle. Jadis on combattait sous les bannières sacrées, on savait ce que signifiaient leurs symboles, on marchait avec confiance sous leur protection, on allait à la conquête de l'erreur et du mensonge ; tout étincelait, tout était flamme. Aujourd'hui, un second adversaire s'est présenté : nous avons à combattre non-seulement le mensonge, mais encore le doute, que nous portons en nous. Aussitôt que nous croyons avoir terrassé le mensonge, les anxiétés intérieures reviennent nous assaillir. Quand, le mensonge, sous la forme du socialisme, n'est plus là pour exercer notre force morale, aussitôt reparaît le doute avec toutes ses pâleurs et ses alarmes.

L'opinion publique est tout aussi incertaine que l'intelligence et les mœurs. Les radicaux et les socialistes le savent bien ; aussi ; espèrent-ils toujours emporter la société en dupant l'opinion publique. Elle n'existe plus telle quelle doit exister, c'est-à-dire comme une sorte de providence veillant au-dessus de la société. Elle servait jadis à mesurer le degré de foi et de confiance aux institutions établies et aux hommes chargés de gouverner ; maintenant il n'est plus question de tout cela. Elle n'exprime plus qu'une chose, à savoir : la fluctuation des idées qui emporte les esprits. Il n'y a plus d'opinion publique véritable, de jugement porté sur des choses stables. L'opinion publique se laisse entraîner par le courant des événements qui emportent la France en constatant, par un mot ou un regard rapide, sous quels degrés de latitude ou de longitude morales sont placées les rives qui fuient sous nos yeux. Il faut que l'opinion publique redevienne ce qu'elle a été, une providence humaine, et qu'elle cesse d'être l'interprète de la fatalité, l'organe qui constate les faits accomplis Elle doit prévenir les événements, et non pas se borner à les déplorer. Les faits ont pris, sur nous un tel ascendant, que nous nous sommes habitués à compter sur eux. On les redoute alors même qu'ils n'existent pas encore. Les plus sages se croisent les bras et attendent un événement heureux qui vienne les délivrer : ils comptent sur les faits pour les tirer d'embarras ; les plus fous se querellent et se font peur les uns aux autres au milieu des ténèbres de la situation, comme les enfants se font peur dans l'obscurité. Qu'indique ce jeu puéril et dangereux qui peut amener des crises nerveuses, des évanouissements, des folies subites ? Il prouve, me répondrez-vous, que la solidarité des intérêts ne suffit pas toujours pour étouffer les passions. Eh bien ! non : il indique simplement l'empire que les accidents extérieurs et les faits matériels ont pris sur nous, le perpétuel besoin d'émotions naturel à un peuple aussi vieilli que nous le sommes. Nous sommes habitués aux soubresauts violents, aux surprises, aux vifs battements de cœur, et nous ne sommes plus à notre aise lorsque tout cela vient à nous manquer. Nous nous créons des frayeurs, même au milieu des ténèbres, l'asile naturel et fécond des frayeurs et des surprises. Nous errons au milieu du monde des rêves et nous demandons encore des émotions nouvelles et du merveilleux !

L'incohérence est donc à son comble. Elle est, depuis que l'anarchie n'est plus l'état habituel de la France, depuis les funèbres batailles, le caractère principal de la situation. Voilà un an qu'elle domine en reine, elle mêle tous les éléments de la vie ; les choses les plus éloignées se rejoignent, les choses les plus rapprochées se séparent. Cette pression des faits sur l'esprit, ces événements qui sont plus forts que la liberté morale de l'homme, donnent le vertige aux générations sur lesquelles pèse cette fatalité brutale. Sur toute la surface de l'Europe, les faits sont souverains, les hommes ne peuvent rien ou plutôt ils manquent. De plus en plus, les danses bizarres des objets inanimés deviennent des réalités ; les forces et les esprits de la nature ont été évoqués, et maintenant ils se promènent à travers le monde, refusant de rentrer dans leurs demeures.

D'où provient cet effacement lent, mais ininterrompu de la réalité cet oubli de la vie, cet aspect morne des événements sortis de la révolution de février ? N'avez-vous jamais été frappés de cette teinte grise qui se répand comme un brouillard sur les choses de ces dernières années ? Un seul événement fait exception. Ce sont les journées de juin, qui avaient l'air de se passer au milieu des brûlants déserts du Sahara. Il y aurait à traiter un point fort original de météorologie révolutionnaire et de physiologie politique. Il y a déjà bien longtemps qu'Henri Heine prétendait, en parlant des révolutions, que les ardeurs de l'été étaient nécessaires pour les faire éclore. Cette théorie a été démentie par l'expérience, comme toutes les théories La révolution de février s'est accomplie avant même que les lilas eussent commencé à fleurir, et elle a répandu ses odeurs de poudre sous un ciel pluvieux et dans des rues boueuses. Mais alors une nouvelle question s'élève : la température imprime-t-elle aux révolutions son caractère ? la saison où elles s'accomplissent leur donne-t-elle sa couleur ? Cette hypothèse nous paraît démontrée par les faits. Voyez les deux dernières révolutions, le 29 juillet et le 24 février. Il faisait un bien beau soleil en juillet 1830, et aussi n'y a-t-il jamais eu en France autant d'enthousiasme, autant d'ardeur,

Émile Montégut

autant d'élan vers toutes choses qu'à cette époque. Les débats y sont passionnés, les œuvres littéraires pleines de couleur, les mœurs d'une liberté inouïe et d'une nudité telle qu'il convient à une époque de chaleurs. Tous-les esprits qui sont sortis de cette révolution ont gardé un rayon de son soleil ; les folies même, — certes il y en avait, — ne ressemblent pas à nos folies sombres d'aujourd'hui ; elles sont d'une richesse inouïe, et, à défaut de vérité, elles sont singulièrement agaçantes, enivrantes, voluptueuses. Comparez le saint-simonisme au communisme, la littérature d'alors à celle d'aujourd'hui, l'agitation politique d'alors à nos craintes et à nos alarmes. Tout y est chaud, coloré, plein de reflets et de chants ; c'est une véritable révolution d'été ; il y a des espérances sans fin, des mirages qui se dessinent dans une atmosphère brûlante, des perspectives, d'âcres parfums, des désirs. Au contraire, il faisait un temps bien affreux lorsque la révolution de février est arrivée. Il y avait des brouillards dans l'air, de la boue dans les rues, de l'incertitude dans les esprits. On dirait que les événements s'en sont ressentis, il n'est rien sorti de cette révolution : les caractères sont pleins de lassitude, les esprits sont épuisés, Un brouillard pareil à ceux qu'exhale la Seine empêche de reconnaître son chemin ; on se heurte sans se reconnaître, on marche sans savoir où ; pendant six mois, les assemblées ont balayé et remué la boue révolutionnaire à pleines pelletées. On essaie en vain d'assainir la société, de la débarrasser de ses immondices. Vains efforts ! la pluie et le brouillard entretiennent perpétuellement la boue de nos villes et de nos chemins ; il y'a partout comme un frisson glacial semblable à ceux qu'on éprouve pendant les premiers jours de l'hiver ; es hommes sont petits, les paroles ternes, les discours sans éclat, les livres sans âme, les débats sans passion réelle. Moralement, on peut dire qu'il fait un temps humide et froid. Combien durera cet hiver ? de quel printemps sera-t-il suivi ? Nous ne le savons pas ; mais, en comparant les deux révolutions, nous nous souvenons des paroles de Shakespeare déplorant les infortunes de la reine dans *Richard II*. « Elle vint ici parée comme le doux mai orné de fleurs, et maintenant elle s'en retourne pareille à la Toussaint, ou le jour luit à peine »

Faut-il s'étonner, après tout, de cet aspect morne de la révolution de février ? Ces brumes tristes, cette atmosphère sombre, sont l'atmosphère naturelle, l'air ambiant du monde des fantômes. C'est dans ce milieu froid et gris qu'ils errent d'habitude. Nous avons vu le paysage, voyons les acteurs eux-mêmes, les spectres.

II – La danse des morts de février 1848

Il faudrait combiner, pour peindre les évènements dont l'Europe est le théâtre depuis deux ans, les talents si divers, mais à la fois si réels et si fantasques, de John Martinn, de Rembrandt et de Goya. Martinn pourrait peindre et reproduire le spectacle extérieur, les gigantesques barricades s'élevant comme des Babels pour escalader la société, les palais en ruine, les théâtre et les places publiques encombrés et frémissants, le déluge des masses humaines se précipitant dans les demeures royales abandonnées, le tumulte, le bruit, le craquement et les écroulements des nations, la frayeur des peuples et les châtiments de Dieu. Rembrandt pourrait peindre tout le côté moral de ces désordres. Dans ces caves obscures, dans ces sombres intérieurs, voyez-vous ce sorcier qui évoque les esprits, cet avare qui pèse son or, ce docteur qui étudie avec trop d'ardeur les livres défendus ? Ce sont eux, les génies de la destruction, du mal et de l'égoïsme, qui d'ici et à l'abri dans ce monde souterrain, dirigent les terribles événements que Martinn a peints. Les voyez-vous, ces personnages, dans cette lumière qui ne sert qu'à montrer combien les ténèbres leur sont chères ? Ces ténèbres si profondes semblent faciliter la méditation du mal, et ce rayon égaré implore, ce semble, d'éclairer les tristes réduits où se fabriquent les philtres de la destruction et de la folie. Ce rayon est comme une divine aurore que repousse la vieille nuit, l'épouse du néant. Le monde des ténèbres s'étend autour du monde moral et dicte ses résolutions à ce vieux savant penché sur ses fourneaux. Goya peindrait à son tour les scènes qui précèdent la destruction, les personnages instruments des révolutions, les esprits sinistres évoqués par les alchimistes de Rembrandt, le monde funèbre des souterrains sociaux et les habitués des caves des sociétés secrètes, les héros de la rue, les types de la misère et du désespoir rendus terribles et actifs par l'évocation des magiciens. Goya serait l'intermédiaire et remplirait l'espace qu'il y a entre Rembrandt et Martinn, c'est-à-dire l'espace que remplit la délibération entre la pensée et l'action.

Émile Montégut

Ou bien, en littérature, si on pouvait combiner Jean Paul, Hoffmann et Swift, on aurait la chance d'obtenir un tableau assez complet des deux dernières années. On aurait, avec ces trois hommes, l'esprit qui pleure sur les ruines, le monde céleste qui sourit de dédain, puis les feux follets qui égarent le voyageur, et la vipère qui siffle sur le bord du chemin. Avec des ruines pour scène et encadrement, pour personnages des vipères et des feux follets, on aurait le tableau complet des événements actuels.

De telles œuvres, artistiques ou littéraires, n'existent pas ; cependant, de même que le caractère de la situation frappe maintenant tous les yeux, ainsi la forme sous laquelle doivent être représentés les événements contemporains commence à être l'objet des préoccupations de plus d'un esprit cultivé. Nous avons sous les yeux un essai littéraire intitulé *la Nuit de Walpurgis*, où l'auteur a essayé de peindre poétiquement la série des événements et des personnages de la révolution de février. L'Allemagne nous a envoyé dans ces derniers tems un cahier de gravures intitulé : *Encore une Danse des morts*, dues au crayon d'un Allemand, M. Alfred Rethel, et enrichies d'un commentaire poétique de M. Reinick. Les tendances de ces deux essais sont les mêmes ; elles sont réactionnaires, comme on dit aujourd'hui ; mais le point de vue est différent. L'Allemand a pris la révolution de février sous son aspect le plus sinistre : *la Danse des morts* révèle la pensée philosophique de la révolution ; *la Nuis de Walpurgis* s'attache surtout aux événements et aux hommes.

Il y a une très heureuse invention dans ce petit poème : c'est le travestissement des révolutionnaires modernes en mandragores. On sait quel est le rôle des mandragores dans le monde surnaturel. La mandragore est une racine qui naît à minuit, au pied d'un gibet. Elle est en assez mauvais état lorsqu'on la tire de terre ; elle est humide et sale, elle pousse une petite plainte criarde et stridente ; mais après qu'on a fait sa toilette, après qu'on a peigné les feuilles vertes qui forment sa chevelure, lorsqu'en guise d'yeux on lui a mis deux grains de mil sur le front, alors il n'est rien qu'elle ne se croie permis ; elle se passe toutes ses fantaisies, se livre à toutes les excentricités. Hier elle était si humble au pied de ce gibet ; aujourd'hui elle est arrogante comme si elle avait déjà vécu plusieurs lunes, et elle en est seulement à son premier quartier. Ce qui, dans le monde démonologique distingue généralement la mandragore, c'est une impertinence sans égale et un esprit malfaisant qui dépasse toute imagination. Nous en avons beaucoup connu pour notre part. Dans les temps de révolution, les mandragores pullulent ; une seule nuit fait éclore plus de ces précieuses plantes que mille années de tranquillité et de calme. Elles ont le don singulier de se créer des sympathies parmi les hommes, et la chose n'est pas difficile, comme vous allez voir. Ainsi, les mandragores ont la puissance de découvrir ou de créer des monceaux d'or qu'elles peuvent distribuer aux hommes, les légendes sont toutes expresses sur ce point, et si nous en invoquons ici le témoignage, c'est afin que vous soyez bien convaincus que ce sont des mandragores que nous avons connues dans les dernières années. Les mandragores de 1848 nous ont même promis bien plus que des monceaux d'or ; elles ont promis aux hommes qu'ils deviendraient dieux s'ils les adoraient, elles, simples mandragores ; elles leur ont promis le bonheur. Vous voyez bien, encore une fois, que nos révolutionnaires d'il y a deux ans étaient de véritables mandragores.

Les mandragores ont encore d'autres caractères. Ce sont de simples racines, et cependant, en les soumettant à certaines opérations magiques, en les débarbouillant et en les peignant quelque peu, on en fait de petits hommes laids et repoussants, il est vrai, mais qui peuvent, après tout, devenir députés, ministres, journalistes, chefs de parti, généraux et préfets. Au moyen de quelques formules magiques, on invente ainsi un homme. Nous avons vu faire de ces expériences ; il n'y a jamais eu un aussi grand nombre de ces plantes qui soient parvenues à ces hautes fonctions que dans notre temps. On leur met deux grains de mil en guise d'yeux, afin de laisser soupçonner qu'elles peuvent voir clair, une écharpe autour du corps, un portefeuille sous le bras. La seule chose qu'on ne puisse leur donner, c'est la parole ; le mutisme est un des caractères de ces sortes d'esprits.

Une danse de sabbat peut-elle se passer de Méphistophélès ? Non sans doute, et ce serait une idée heureuse que de chercher à rendre la physionomie et le langage réel du diable en 1849. Il a toujours le pied fourchu d'autrefois ; il y a trois jours à peine, on pouvait l'apercevoir à travers les déchirures de ses bottes, aujourd'hui il le dissimule sous d'élégantes bottes vernies. Il a échangé la plume

Émile Montégut

rouge contre une cocarde rouge. Il n'est plus sceptique, voltairien, non ; c'est un fervent révolutionnaire : il croit aux droits de l'homme, au suffrage universel, à l'égale répartition des produits ; ce n'est plus le diable charmant de Goethe, il est même un peu sot, il débite quelquefois des lieux communs. Méphistophélès est un républicain de la veille, un pur radical. Hier encore, il errait dans les sombres réglons de l'obscurité sociale ; aujourd'hui, il s'est refait une garderobe avec les défroques abandonnées par la royauté. Il peut se travestir ; seulement, les travestissements sont grotesques ; il ne peut prendre que les costumes de Polichinelle et d'Arlequin. Bref, Méphistophélès ressemble à bien des personnages célèbres dans ces dernières années. Il est méchant, sot, ridicule, grotesque et trivial. Il est méchant, mais sans puissance ; il n'est pas redoutable, mais il est ennuyeux ; il trouble les plus belles fêtes, il s'assied comme un fâcheux importun au banquet du 22 février, et crie vive la réforme ! plus fort qu'il ne lui a été commande, enfin, le diable de 1849 signifie méchanceté sans malice et fourberie sans esprit.

Mais les régions à demi fantastiques hantées par les mandragores ne sont pas les seules que la révolution de février ait découvertes ; il y a aussi les régions de la mort et du néant. Nous ne descendrons pas les cercles de Dante, nous n'entrerons pas dans la *cité dolente* de l'enfer, nous n'avons pas besoin de changer de place. Encore un *spectacle dans un fauteuil* ! C'est maintenant le néant qui monte jusqu'à nous. Les flots de la vie ne vont plus se mêler aux ondes de l'oubli ; c'est l'océan de l'oubli même qui vient absorber dans son sein toutes les eaux babillardes et charmantes dont se compose la vie. Disons-le tout de suite, c'est dans cette idée que consiste la profondeur singulière des gravures de M. Rethel. On éprouve, en les contemplant, une impression bien différente de celle que nous font éprouver Holbein et Orcagna, les grands peintres de la mort. La mort, dans ces gravures, n'est plus considérée comme étant la fin inévitable, de la vie, nous ne trouvons pas là le hideux squelette que nous connaissions ; la tombe ne s'entr'ouvre plus sous la danse des humains. Non, c'est maintenant la mort qui vient elle-même dans le monde des vivants, comme s'il était son royaume naturel. Elle ne vient plus, comme autrefois, épier les hommes derrière, une muraille ou au coin d'une borne pour faire son métier d'assassin : non ; aujourd'hui, elle s'est civilisée, elle ne tue plus les hommes, elle se contente d'escroquer leur vie ; elle cause avec vous, fume avec vous, rit avec vous ; elle vous dirait presque comme le diable amoureux de Cazotte : « Dis-moi ; je t'en prie, si tu veux me prouver ton amour ; dis-moi : Cher Béelzébuth, je t'adore. » Ce n'est pas l'affreuse mort sans vêtements d'Orcagna, d'Holbein et de Shakespeare ; non certes : elle est somptueusement vêtue, elle est pleine de coquetterie, elle a ses poses préférées, ses airs de tête chéris ; bref, si elle n'a pas la vie, elle sait au moins se donner toutes les apparence de l'existence ; elle a bien toutes les grimaces, toutes les simagrées de la vie artificielle.

Et d'abord n'est-ce pas là le caractère de la mort morale dans notre temps ? Vivons-nous réellement ? Pour nous, cela est douteux. Nous ne sacrifions guère notre existence, nous ne nous assassinons plus si je puis m'exprimer ainsi, nous ne nous tuons pas comme Caton : si nous nous donnons la mort, ce n'est pas par dévouement pour nos idées et nos croyances ; mais nous escroquons notre vie, comme nous l'avons déjà dit, nous la laissons chaque jour s'affaiblir et diminuer lentement, comme une eau qui filtre à travers un tamis. Nous la laissons volontairement se perdre et se tarir ; nous ne savons plus que la vie est une lutte, et qu'elle demande une concentration de force énergique et de tous les instants. Le mot des anciens, *indulgere genio*, semble être devenu notre devise habituelle. La vie n'est plus, pour nous, que le sommeil et la fièvre : l'un est le frère de la mort, disent les poètes, l'autre, disent les physiologistes, mène tout droit à la mort. Au point de vue politique, est-ce que les révolutionnaires et les socialistes ne partagent pas l'opinion des païens sur la mort ?

Partout où ils aperçoivent le mouvement, ils proclament que là est la vie. C'est en cela que consiste, à proprement parler, l'opinion des païens sur la mort et la vie ; la vie pour eux était surtout l'activité, la mort n'était que la cessation de cette activité et de ces jouissances. Ils ne savent plus que la véritable activité est latente, qu'elle ne se manifeste pas avec fracas, et que la vie la meilleure est la plus calme, la moins remplie de tempête. Ils confondent sans cesse l'activité avec l'agitation. Les révolutions leur apparaissent comme le réveil de la vie trop longtemps engourdie, tandis qu'elles ne sont que la précipitation violente et hâtive de la vie, l'acheminement vers la mort. Telle est l'idée qui domine dans les

Émile Montégut

gravures de M. Rethel. Il a peint la mort dans la vie moderne, la mort dans les âmes contemporaine par corruption la mort par l'activité fébrile de l'esprit révolutionnaire. La mort est sortie de son crayon spiritualisée. Regardons nous-même dans les gravures de M. Alfred Rethel, le tableau du dernier voyage qu'elle a accompli. « Regardez, comme dit le prologue poétique placé en tête du cahier qui est sous nos yeux ; regardez, je vais vous montrer la sombre image d'une sombre époque. ».

Arrière, passé, arrière ! Les peuples poussent un cri, et voilà que la mort sort de terre pour exaucer leurs vœux. Le néant arrive pour anéantir le néant, l'écho du passé répète les dernières syllabes de l'anathème lancé au passé. Alors les éternelles passions se pressent autour du faucheur. Leurs pieds de harpies indiquent des divinités malfaisantes. La vanité, vêtue d'une robe émaillée d'yeux de paon, présente un miroir au compagnon, et, le sourire sur les lèvres, place sur son crâne chauve un chapeau orné de plumes. Il n'ira pas vers les hommes nu et sans déguisement ; non, non, la mort elle-même, aujourd'hui, ne dit plus la vérité ; elle ment, elle trompe, elle est toujours brutale, mais elle est aussi rusée. Elle partira munie d'instruments tranchants aussi bien que de vêtements somptueux, car, sa toilette est à peine finie que le mensonge lui tend la balance de la justice, et la ruse l'épée de la loi. La folie tient le cheval tout prêt. Bref, ainsi costumé, le compagnon a la tournure d'un parfait gentleman. Il va faire sa première entrée dans le monde ; partons donc sans retard, passons par-dessus les croix renversées, les couronnes brisées, les tombeaux et les ruines, pour aller là-bas, à cette autre ruine, où vous apercevez une femme assise et enchaînée, les yeux bandés, dans une salle dont les pierres se détachent et dont le plancher est effondré. L'édifice est miné ; cette destruction sera pour le coup d'essai du compagnon une facile victoire. Le voilà en rase campagne qui se dirige vers la grande ville ; son cheval va bon train ; les villageois l'évitent, et les corbeaux eux-mêmes s'enfuient en criant de terreur. – Lui, cependant, sans s'émouvoir, fume son cigare, car l'ami du peuple a des notions d'élégance et de vie mondaine. Le faucheur est un véritable dilettante ; vous l'avez rencontré cent fois au café de Paris, au foyer de l'Opéra, aux Italiens, à Bade et à Spa. Le cœur lui bondit en apercevant la grande ville ; il se dresse avec un frémissement de joie sur ses étriers en apercevant Paris, la cité du plaisir et des révolutions, deux choses par lesquelles elle m'appartient, semble-t-il dire, deux choses dont, en ma qualité de métaphysicien, j'ai démontré dans ces derniers temps l'identité par mes créations de femme libre, mes inventions de phalanstère et de bonheur commun. Corruption et destruction, n'êtes-vous pas synonymes ? J'ai vu peu de choses aussi belles, dans ces derniers temps, que cette gravure où la mort est représentée en route pour Paris. Les premiers rayons du jour éclairent la scène. La ville élève dans le lointain le sommet de ses tours et de ses dômes. Hommes et animaux s'enfuient. Jamais personnage plus original que ce faucheur n'a été dessiné. N'y cherchez rien de terrible ni de grotesque non plus. Tout est nouveau dans ce personnage : l'allure, le costume. N'y cherchez pas l'ange des expiations qui étend ses noires ailes sur les cités, ni la mort brutale que vous connaissez depuis longtemps. Non ; aussi inattendue que le fléau dévastateur, elle arrive on ne sait d'où, ni pour quel but. Elle est revêtue d'un costume qui la fait singulièrement ressembler à un spadassin. Pourquoi vient-elle ? On ne le sait pas ; par caprice, oisiveté, ennui. Ce personnage me semble un des meilleurs, des mieux saisis que l'on ait inventés depuis Méphistophélès.

Le faucheur s'arrête aux barrières et entre dans un cabaret afin de se remettre de ses fatigues. Là survient tout le monde bizarre qui s'y réunit : les enfants étiolés par la corruption hâtive, les filles de bas étage, les joueurs d'orgue et les chanteurs patriotiques, tous les bohémiens de la civilisation. La mort ouvre aussitôt un cours de politique expérimentale ; elle démontre la théorie de la balance, et pour ce faire elle place dans un des plateaux une couronne, dans l'autre un tuyau de pipe. Seulement la rusée ne tient pas la balance par le fléau, mais bien par la languette. Vous voyez bien, dit-elle, le poids est égal Qu'est-ce qu'une couronne ? Moins qu'un tuyau de pipe. Tous applaudissent rient et crient : Voilà l'homme qu'il nous faut : cependant une pauvre aveugle s'enfuit en entendant ces cris - Ah ! toi, femme aveugle, s'écrie le poète, pourquoi fuis-tu ? Y verrais-tu plus clair que les autres ?

Puis, soudain, voilà que les flots populaires ont, porté le terrible faucheur à l'Hôtel-de-Ville. Du haut des degrés, il remet au peuple l'épée de la justice et lui dit : Désormais tu es roi. Et cependant voilà que deux mois après il combat encore pour sa souveraineté.

Émile Montégut

Les barricades, se sont élevées, le drapeau rouge est déployé, les hommes tombent. Seule la mort est à l'abri des balles. Ah ! comme elle est fière et ironique avec son aspect de capitaine Fracasse, son chapeau sur l'oreille, son attitude de spadassin, les poings appuyés sur la hanche, comme Robert Macaire dans *l'Auberge des Adrets* ! Mais maintenant tout est fini, des maisons brûlent, des enfants pleurent ; des malheureux en proie à l'agonie, lèvent la tête vers le compagnon, qui rit et dit : Je suis la mort ! De quoi donc te plains-tu ? Tu voulais être roi, te voilà citoyen de mon obscur empire, je ne demande pas à être ta reine. Frère, maintenant, tu es égal à moi.
— Pendant ce temps le cheval du compagnon foule sous ses pieds les cadavres, et lèche le sang qui coule des blessures.

Il y a une phrase de Bichat qui m'est revenue perpétuellement à l'esprit pendant que je contemplais ces gravures, c'est cette terrible définition par laquelle s'ouvre le fameux livre des *Recherches physiologiques sur la vie et la mort* : « La vie, c'est l'ensemble des phénomènes qui luttent contre la mort. » Cette phrase m'a toujours épouvanté à cause des conséquences morales qu'on en peut tirer. Que veut-elle dire après tout ? Que la mort est antérieure à la vie, qu'elle lui est postérieure, que le seul permanent, comme disent les Allemands, c'est la mort ? Est-ce qu'à cette parole une vision dramatique, bien qu'elle soit entièrement métaphysique, ne s'empare pas de vous ? Est-ce que vous n'apercevez pas la mort qui vous entoure de toutes parts, qui vous presse, qui vous harcèle de tous les côtés ? La mort apparaît alors comme la seule réalité, et la vie n'est plus que comme une petite pointe de terre submergée par des flots qui montent toujours. Quel qu'il en soit, depuis le 24 février, la vie de la France ; la vie sociale, n'est plus qu'un ensemble de phénomènes qui luttent contre la mort. Toute la politique consiste dans la résistance à la mort ; il s'agit de sombrer, ou de se sauver. M. Rethel nous a montré la mort venant chercher la vie pour l'étouffer, la pénétrant en tout sens, se substituant à elle ; il a esquissé le triomphe de la mort. La mort y prend l'apparence de la vie ; c'est elle qui vient, inspirant la colère et l'enthousiasme aux populations ; elle ne dit plus, comme autrefois : Tout est vanité, car elle chante au contraire les joies de la terre ; elle demande l'expansion la plus large des désirs, elle sait les secrets qui peuvent troubler les facultés, tuer l'esprit des vivants, et elle laisse errer leurs fantômes, qui, ignorant leur infortune, se croient toujours des êtres réels et bien portants.

En résumé, à quelle conclusion sommes-nous amené ? Le temps actuel n'a ni esprit, ni unité ni caractères. Si ce n'est pas la mort qui l'habite, au moins ce sont les rêves et les songes. Est-ce une raison pour désespérer ? Non certes. Le spectacle qu'on vous a montré n'est certainement pas très séduisant ; mais, lorsque la mort abonde, il est inutile et il est immoral de regarder le néant monter peu à peu sans oser se remuer afin de se sauver. Si par hasard nous sommes dans une ère de progrès, réjouissons-nous ; mais, si au contraire nous sommes dans une ère de décadence, ne l'acceptons qu'à notre corps défendant. Rassemblons et concentrons en nous ce qui nous reste de santé et de force. Il est salutaire, dans des temps pareils, de sentir redoubler en soi la vie et l'activité, et surtout il est bon de regarder et d'observer les traits des masques divers qui passent et le caractère des faits de chaque jour. Laissons nos adversaires devenir des ombres, laissons-les se disputer, sophistiquer comme des Byzantins ; laissons de côté nos demi-faits, nos chuchotements, nos insinuations, nos âcres répliques, nos premiers-Paris à sens multiples ; ne nous laissons pas envahir par le sommeil ; n'oublions pas que nous avons charge d'âmes, charge de nations et d'humanité. Ne nous inquiétons pas des institutions dans lesquelles nous sommes appelés à vivre, mais considérons-nous comme des hommes ayant à lutter à chaque instant pour leur vie, entourés de pièges et d'embuscades. Encore une fois, il n'y a qu'un moyen d'empêcher le triomphe du néant : c'est de se défendre à outrance et de réunir en un seul faisceau tous les phénomènes qui peuvent lutter contre la mort, selon l'expression de Bichat.

Chassons loin de nous tous les cauchemars et revenons à la vie, à l'activité, à la liberté ; c'est encore le meilleur moyen de rompre le charme. Oh ! qui fera jamais la danse de la vie ? qui fera jamais la contre-partie de cette horrible danse des morts ? qui donc consentira à prendre enfin la vie pour une chose sérieuse et pour un inestimable bien ? Le tableau est tout trouvé. Au lieu de s'entr'ouvrir pour engloutir les danseurs, comme dans les peintures du moyen-âge, la terre s'entr'ouvre pour laisser arriver à la lumière de beaux enfants aux couleurs de rose, qui entrent dans la ronde charmante. La ronde va s'élargissant, jusqu'à ce qu'elle se soit étendue sur toute la circonférence de la terre. Les enfants deviennent des hommes, les jeunes filles des épouses et des mères ; tout change et meurt, mais passe comme les roses et le printemps, comme les saisons et le temps lui-même. De douces chansons retentissent sur toute la surface du globe, des chants d'amour et des hymnes d'action de grâce. Les hommes se passent de main en main le signe, le talisman sacré qui préserve de la mort, en répétant en chœur : Celui-là ne craint pas la mort qui a en lui une conscience libre, une âme joyeuse, un cœur religieux !

III – Les confessions d'un révolutionnaire

Maintenant que nous avons vu l'image de ce monde des fantômes dans les livres et les tableaux du parti *réactionnaire*, regardez-la dans le miroir que vous présente le chef du socialisme, dans les *Confessions* de M. Proudhon. Comme l'artiste allemand, M. Proudhon raconte les voyages de la mort, les progrès que fait le néant, mais il ne s'en afflige point. Ses récits ne portent point l'empreinte de la tristesse et des découragements. Non ; au contraire, jamais son cœur n'a été aussi plein de joie ; il triomphe, il rit bruyamment, il éclabousse ses amis et ses ennemis, il verse sur eux tous la même dose de sarcasme, il leur prodigue d'un ton goguenard ses consolations les plus ironiques et ses adieux les moins mélancoliques. Ils sont tous morts, s'écrie-t-il ; les partis sont dans leur tombe ; puissent-ils y demeurer scellés jusqu'au jour du jugement ! La France est en pleine décomposition, les vieilles sociétés se meurent, moi seul je survis. Et, pour prouver son existence, Dieu sait les exercices auxquels se livre cet étrange Panurge philosophique : il gambade sur les tombes et entonne un grotesque *De profondis*. O mort : semble-t-il dire, ô douce mort : sois bénie ! C'est toi qui viens rendre le repos aux peuples qui ont longtemps vécu, c'est toi qui termines les combats d'Etéocle et de Polynice que les peuples se livrent ! Tu brilles sur les guerres civiles comme une douce aurore, tu es le champ du repos et de la paix, tu mets fin aux luttes sanglantes des partis, aux passions et à l'orgueil des philosophes ; tu fais cesser l'espérance, tu fais abandonner complètement les rêves poursuivis ; tu es la joie des cœurs souffrants et la terreur des heureux, ô déesse égalitaire, *car la vertu, c'est encore toi* ! C'est par cet hymne à la mort que M. Proudhon aurait dû terminer son livre, et non pas par cet autre hymne à l'ironie que vous savez ; car ce livre laisse une impression triste et lugubre. La couleur du livre est sépulcrale, le ton ironique. L'aspect général qui se produit après l'avoir fermé est celui d'une rangée de bières entr'ouvertes et laissant apercevoir des morts recouverts de leurs suaires. Quel temps ! quelles œuvres ! se dit-on après une telle lecture, et quels singuliers patriotes que ceux qui peuvent écrire d'une telle façon et avec cette froide nonchalance, cette absence de passion sincère, ce sarcasme qui rit de lui-même ! Voilà un homme qui se proclame le plus libéral, le plus français, le plus indépendant d'entre les chefs socialistes, et il rit de la liberté qui n'est plus, il rit de la France qu'il proclame défunte, il rit de lui-même !

Jamais il n'y a eu dans aucun livre un aussi considérable emploi d'épithètes grotesques, d'injures fantasques, de métaphores ironiques. C'est le carnaval du langage. M. Proudhon fait passer sous nos yeux le bal masqué des deux dernières années, cette longue fête des fantômes. Il n'oublie aucun incident C'est un compte-rendu complet des orgies de l'année 1848 et de l'année 1849. Il nous fait voir entrant tour à tour dans la ronde effrénée tous les principaux acteurs de cette tragi-comédie, pastorale héroïque, arlequinade, comme il vous plaira. Personne, il faut lui rendre cette justice, n'a mieux peint l'aspect comique que présentait Paris après la révolution de février, sous le règne du gouvernement provisoire. Ecoutez le grotesque récit de ces temps déjà loin de nous, et devenus presque des temps fabuleux « Une ordonnance du ministre de l'instruction publique autorisait le citoyen Legouvé à ouvrir à la Sorbonne un cours d'histoire morale de la femme. Du reste, le public et la presse étaient à l'unisson de l'autorité. Un placard demandait que le gouvernement *empêchât la sortie des capitaux* et que M. de Rothschild fût mis en surveillance. *La Démocratie pacifique*, renant aussi l'initiative, demandait que la blouse fût adoptée pour uniforme par toutes les gardes nationales de la république, que des professeurs fussent envoyés dans les départements pour démontrer aux paysans la supériorité de la forme démocratique sur la monarchique ; etc. George Sand chantait des hymnes aux prolétaires ; la société des gens de lettres se mettait à la disposition du gouvernement. — Pourquoi faire ? C'est ce qu'elle ne disait point, et ce qu'on n'a jamais su. Une pétition, revêtue de cinq mille signatures, demandait d'urgence le ministère du progrès ; on n'aurait jamais cru, sans la révolution de février, qu'il y eût autant de, bêtise au fond d'un public français ; on eût dit le monde de Panurge. »

Oui, en effet, le monde de Panurge ! Que vous semble de ce tableau N'est-il pas complet ? N'est-ce pas là ce que vous, avez vu, et un *réactionnaire* comme vous et moi, un *gouvernementaliste*, un doctrinaire, pour employer le langage de M. Proudhon, aurait-il mieux dit ? Seulement nous ferons une toute petite observation. Nous aurions eu peut- être le droit d'écrire un semblable tableau, et de verser l'ironie sur les folies anarchiques que nous avons vues. N'y a-t-il pas inconséquence de la M. Proudhon à bafouer ainsi les sottises révolutionnaires ? Au fond, tous ces gens qui voulaient à toute force sauver la patrie, qui se croyaient en droit d'imprimer, d'afficher, de crier toutes les folies qui leur travers le cerveau, qui étaient bien convaincus de la vérité de toutes les idées ou velléités d'idées qui leur arrivaient au réveil, que faisaient-ils autre chose, sinon appliquer les idées de M. Proudhon Ils usaient de leur droit d'initiative, ils agissaient révolutionnairement, ils s'imposaient au gouvernement, et substituaient leur *spontanéité* au mécanisme gouvernemental ; Pourquoi donc M. Proudhon les flagelle-t-il ! Encore une *antinomie*, encore une contradiction. Ou bien, par hasard, est-ce que le seul but que M. Proudhon se propose est de rire de tout, même de ses doctrines et des faits qui mettent ses doctrines à l'épreuve ? On dirait presque que c'est là, son unique but. Pourquoi donc M. Proudhon si moque-t-il de tous ces pauvres gens naïfs, de tous ces sauveurs de la patrie, qui n'avaient que le tort d'être des sots et des ignorants ? Serait-ce parce qu'ils n'étaient pas savants et qu'ils n'aimaient pas à rire comme lui ? Mais M. Proudhon lui-même n'a-t-il pas nié le droit des héros et des grands hommes ? ne réserve-t-il pas le droit d'initiative aux plus humbles et aux plus simples ? N'importe, sous l'homme à système, sous l'apôtre de l'égalité, comme sous le prédicant de fraternité, toujours la nature véritable se montre, le mépris des simples d'esprit et l'orgueil du pacha intellectuel.

Nous sommes donc bien et dûment convaincus par M. Proudhon

de n'être que des ombres, des masques, des fantômes : « Mais patience, s'écrie-t-il, un autre monde va s'élever, un monde réel cette fois, plein de vie et de force ! » Voyons un peu ce monde ? Comme il faut attendre que l'ancienne société soit détruite pour qu'à sa place une nouvelle société s'édifie, dites-nous un peu comment vous vous figurez ce nouvel univers ? C'est ici que la mystification est complète. Savez-vous ce que nous propose M. Proudhon pour remplacer ce monde des fantômes ? Le monde des atomes ; oui, des atomes, renouvelé d'Épicure, de Démocrite et de Gassendi ! Son fameux système n'est pas autre chose. Encore, le monde du néant et du chaos, où, à la place de fantômes et d'esprits, flottent au hasard les institutions et les peuples !

Jamais personne n'a essayé de débrouiller ce que M. Proudhon appelle son système. Voici le sommaire de cette doctrine, dont le premier mot est anarchie, et le dernier, néant, chaos : — Mise en pratique du principe de liberté ; libre essor de l'initiative individuelle ; — négation des entraves sociales qui s'opposent au développement absolu de cette initiative, négation qui emporte avec elle l'idée d'autorité ; — négation des droits qui limitent cette libre initiative dans les relations de l'homme avec l'homme, important en même temps que l'idée socialiste d'association les institutions sociales tout entières, c'est-à-dire les lois pénales, les lois de protection qui règlent les rapports d'inférieur à supérieur, le pouvoir, de l'homme sur l'homme, etc. ; — par conséquent limitation immédiate de cette initiative par l'absolue impossibilité de gouverner, réprimer, diriger ses semblables : donc égalité absolue.

Tel est le système social que M. Proudhon décore du nom d'*anarchie*. Jamais système ne fut mieux nommé ; mais ce n'est pas tout encore : si l'initiative de l'individu est a seule loi et la seule règle, il ne peut exister de lois et de règles imposées non-seulement par l'autorité, mais encore par une tradition quelconque au nom d'une vérité souveraine et infinie. La négation de l'autorité emporte nécessairement après elle l'idée d'une Providence qui guidé nos libertés individuelles ; car ce serait déplacer simplement l'autorité que de reconnaître la Providence, ce serait transporter l'autorité de la terre au ciel. M. Proudhon est trop logicien pour s'arrêter en chemin.

Émile Montégut

Ainsi donc voilà les changemensque l. Proudhon fait subir au vieux monde, substitution de la logique des faits au gouvernement de la Providence, c'est-à-dire substitution d'un gouvernement résultat de la combinaison des accidents et des hasards à un gouvernement tout d'intelligence et d'amour, substitution des faits et des phénomènes aux lois morales de l'univers. En résumant tout ceci, on obtient cet agréable résultat philosophique la révolution est l'état normal de l'humanité, l'anarchie l'être même des sociétés ; donc la permanence de la révolution est la loi même du progrès.

Eh bien ! qu'en pensez-vous ? 'Est-ce bien la peine de tant crier haro aux doctrinaires, aux absolutistes, aux jésuites, aux légitimistes, aux démocrates et aux socialistes, pour substituer un pareil système ? M. Proudhon prend le mot d'*anarchie* en bonne part : cela signifie pour lui absence de gouvernement ; mais pour nous ce mot a encore sa vieille signification. La doctrine de M. Prudhon n'est pas autre chose que la préconisation ardente, impitoyable de l'état sauvage, qu'il le sache ou non. Un autre jour nous nous faisons fort de prouver que, dans un pareil système, la liberté n'existe pas, que la tyrannie au contraire, la tyrannie anonyme, une tyrannie qui, comme le démon de l'Evangile, s'appelle *légion*, règne et gouverne seule. Avons-nous raison d'appeler cette doctrine philosophie atomitique ? Que sont donc toutes ces libertés entièrement dégagées d'entraves et pourtant toutes égales ? Toutes ces libertés qui n'exercent aucune influence les unes sur les autres, limitées par leur propre extension, impuissantes par leur propre extension, impuissantes par leur propre exagération, à quoi peuvent-elles servir ? SI les hommes n'exercent plus aucune influence les uns sur les autres, vers quel objet dirigeront-ils donc leur activité ? — Vers le travail, répond M. Proudhon. — Mais ce travail, si je n'exerce plus aucune influence sur mes semblables, ne regardera donc que moi ? Moi seul je serai maître, absolu de mon travail. — Non, répond M. Proudhon ; au moyen de ma banque d'échange, tous les moyens de consolidation de ton travail t'échappent. Une perpétuelle mobilité succédera à la stabilité ancienne, à la propriété et au capital. Ton travail fuira loin de toi aussitôt que tu l'auras produit.

La société deviendra fluide, mobile, tout sera soumis aux lois de la circulation. Ainsi donc l'activité de l'homme s'use dans le néant, ainsi donc le temps lui-même lui échappe ; non-seulement la perpétuité, mais la durée même lui est refusée. Son intelligence n'a pas d'issue, l'essor de son initiative retombe à chaque instant, ses espérances ne seront jamais exaucées, son activité n'a pas de résultat, les facultés ne lui servent qu'à comprendre qu'il ne peut s'en servir. Cette prétendue liberté n'est qu'une indigne moquerie, qu'un persiflage ou que la plus matérialiste des chimères. Avions-nous tort de dire que le monde rêvé par M. Proudhon n'était autre que le monde des atomes. Les faits gouvernent dans la société de M. Proudhon ; ce sont eux qui forment la société, comme les atomes ronds et crochus réunis par les combinaisons du hasard avaient formé le monde d'après la théorie de Démocrite ou comme d'après les naturalistes, la réunion d'insectes sans nombre a fourni la première couche et comme jeté les fondements de plusieurs îles de l'Océanie. Aucun n'a une valeur supérieure à son voisin ; tous sont parfaitement égaux, l'un est grand, l'autre est petit ; l'un est rond, l'autre crochu, voilà tout. C'est une société, ou plutôt un assemblage d'atomes tourbillonnant dans le chaos, poussés éternellement par les vents de l'abîme et condamnés à errer sans pouvoir prendre forme ni croissance. On dirait des germes qui ne peuvent trouver de terre pour se développer, pour produire leurs fleurs et leurs tiges. Si l'on essayait d'appliquer la théorie de M. Proudhon, il n'y a qu'un mot qui pourrait rendre cette étrange expérience, l'avortement du chaos et l'impuissance du néant.

Vraiment, grand mystificateur, pourquoi donc annoncer avec tant d'éclat le règne du néant et l'empire prochain de la mort ? Vous êtes le théoricien du néant. Pourquoi donc raillez-vous si haut ce pauvre monde des rêves, lorsque vous n'avez, pour le remplacer, qu'un monde d'atomes tourbillonnant dans le vide ? Lorsque vous affirmer la vérité de votre théorie de l'anarchie et de votre banque d'échange, c'est à peu près comme si vous disiez que les fleuves sont aussi solides que leurs rives, et leurs rives aussi fluides que leurs flots. N'êtes-vous pas alors en proie à quelque hallucination de la pensée, à quelque éblouissement de l'orgueil ? Cessez de railler les visions de ces pauvres confrères. Eux au moins, ils bâtissent des rêves dans des oasis fantastiques, des palais dans des mirages ; mais vous, vous appartenez encore bien plus qu'eux au monde de la mort, car eux ils s'efforcent de faire du néant une réalité, tandis que vous, vous réduisez la réalité à n'être plus que le néant.

Émile Montégut

Et pourtant nous avouerons qu'au point de vue historique M. Proudhon a raison : oui, ou bien la révolution de février n'avait aucun sens, ou bien elle était dirigée contre l'idée d'autorité et, bien plus encore, contre toute forme de gouvernement. Oh ! combien il eût été désirable que les livres de M. Proudhon eussent été lus davantage avant la révolution de février ! Combien les habitants de la France eussent été surpris, si, avant la chute du gouvernement de juillet, M. Proudhon, invite à s'expliquer sur sa doctrine dans quelque banquet réformiste, eût dit : Vous cherchez un but où vous diriger, braves gens, vous cherchez encore la meilleure forme de gouvernement, mais le malheureux qui roule d'abîme en abîme s'inquiète-t-il de chercher le point où il devra tomber ? Non ; il faut qu'il roule toujours jusqu'à ce qu'il ait touché le fond du précipice. Vous cherchez à comprendre mes idées ; mais ne voyez-vous pas qu'elles consistent simplement dans la négation de toutes les idées, de tous les expédients, de toutes les méthodes inventées par la raison humaine depuis soixante ans, pour vous retenir sur la pente qui mène au gouffre ? Puisque vous ne pouvez vous cramponner nulle part, puisque vous ne trouvez aucune herbe où vous accrocher, puisque vous sentez le vertige vous gagner, n'est-il pas plus simple de prendre bravement votre parti, de fermer les yeux et de tomber avec moi ? Comment donc, hommes naïfs et de trop de foi ! vous cherchez encore une forme de gouvernement, une forme politique pour vous abriter ? Comptez toutes les formes de gouvernement que vous avez usées : monarchie constitutionnelle, république militaire, façon spartiate, république à la façon athénienne, république militaire, empire, compromis monarchique libéral et religieux de la restauration, gouvernement de la bourgeoisie, et vous venez ici pour demander autre chose ! vous vous réunissez bruyamment pour demander la démocratie ou la mort ? Pauvres sots ! ne serait-il pas plus simple de vous passer de gouvernement et d'institutions ? Puisque vous ne pouvez en trouver à votre convenance, supprimons-les tous, et qu'il n'en soit plus question car, puisque vous les détruisez tous, c'est une preuve que vous ne pouvez être libres et heureux que dans une société sans pouvoir. J'en dirai autant des formes sociales, mœurs, organisation des intérêts. Puisque vous ne pouvez parvenir à vous entendre sur la propriété, le fermage et les salaires, eh bien ! qu'il

III – Les confessions d'un révolutionnaire

n'y ait plus ni propriété ni salaire. — Ici l'auditoire murmure. — Ah ! vous trouvez mes tendances mauvaises ? mais, destructeurs inintelligents, ayez donc le courage d'aller jusqu'au bout. Vous vous croyez des dieux ? Eh bien ! alors sans doute qu'il vous suffira du néant pour appuyer les fondements de votre reconstructions vous apprendrez à créer quelque chose avec rien.

Alors sans doute les bons bourgeois se seraient regardés avec effroi, et leurs velléités démocratiques se seraient bien vite enfuies. Et cependant ce discours eût été la peinture fidèle des événements qui devaient se produire plus tard. — Oui, le livre de M. Proudhon est la condamnation expresse de la révolution de février. Où était la nécessité de cette révolution ? Il a raison, en vérité : on bien cette révolution n'avait aucune raison d'être, ou bien elle exprimait le besoin pressant de détruire tout ce qui subsistait encore d'autorité, de croyance aux contrats de respect aux lois pour y substituer l'anarchie, c'est-à-dire un gouvernement sans maître. – Puisque vous n'avez pas tout laissé à la spontanéité et à l'initiative des masses, qu'avez-vous donc fait ? Vous avez de plus en plus relevé le pouvoir, vous avez de plus en plus rapporté au gouvernement toute l'influence qu'il avait perdue ; vous avez redonné à l'autorité toute l'initiative et vous l'avez retirée au peuple, c'est-à-dire à la révolution. —*Les Confessions d'un Révolutionnaire* sont l'histoire de ces oscillations et de ces réactions vers le principe d'autorité. Aussi tous ceux qui prononcent le mot d'état, tous ceux qui aspirent à la dictature, quel que soit leur socialisme, il les tient pour réactionnaires. Vous, monsieur Louis Blanc, avec vos plans d'organisation par l'état, vous êtes un réactionnaire ; vous, monsieur Ledru-Rollin avec vos projets de dictature, vous êtes un réactionnaire ; — vous, messieurs Bastide, Marrast, Cavaignac, réactionnaires… Eh bien ! oui, répondrons-nous, il y a une immense réaction, et c'est là ce qui nous donne bon espoir. Oui, et c'est par cette dernière considération que nous terminerons il y a réaction vers les idées religieuses, en faveur de l'idée d'autorité des idées de devoir, d'obéissance et de respect. Depuis que nous avons subi l'épreuve de la réolution de février ; nous sommes meilleur plus virils, et c'est pourquoi j'espère bien que nous réussirons enfin à briser l'enchantement qui nous entoure et à dissiper tout ce monde de fantômes qui tourbillonne autour de nous.

Émile Montégut

Les révolutions ont cette conséquence toute spirituelle, qu'elles obligent à penser, qu'elles forcent l'esprit à s'appliquer, à chercher sur le sol nu de quoi se vêtir, se construire une demeure, des croyances pour se nourrir, des lois pour s'abriter. Les hommes sont peut-être meilleurs moralement après une révolution. S'ils n'ont pas la foi, ils ont à tout le moins le besoin de la foi, et ce doute intérieur qui leur fait dire : Si jusqu'alors je n'avais été qu'un insensé ! Ils étaient entrés dans la carrière des révolutions avec un esprit sceptique, un cœur insouciant, une âme indifférente ; puis voilà qu'ils sont entraînés dans les cercles de Dante à travers le chaud et le froid, l'humide et le sec, les flammes de soufre et les pluies de glace. Alors l'éternelle nécessité qui réside dans l'intelligence presse leurs esprit, les harcèle, les torture pour leur arracher le secret de leurs souffrances et la raison de leurs expiations. C'est ce qui nous est arrivé. Il nous a été donné de jeter un coup d'œil plus profond dans les fondements de la société, et de descendre plus en nous-mêmes, au-dessous de ces pensées vulgaires et acquises qui s'écoulent chaque jour pour faire marcher notre vie, comme l'eau d'une écluse sert à faire marcher un moulin. Nous savons mieux qu'auparavant ce que signifient les mots autorité et liberté ; encore quelque temps, et nous comprendrons les mots hiérarchie, suprématie, dépendance. Les instinct religieux ont murmuré au fond de plus d'un jeune cœur, bien des esprits sauvages ont cherché des liens sympathiques, bien des âmes indépendantes ont fléchi et appelé à grands cris l'obéissance. J'en ai vue chez qui la piété florissait subitement comme une fleur née d'une graine apportée par les vents. D'autres, impatiens de toute autorité, sentaient leur orgueil s'affaisser toujours davantage. Oui, nous sommes meilleurs ; oui, par cela même que nous sommes meilleurs, il y a réaction vers des choses plus excellentes que les idées révolutionnaires.

Oh ! puissent les germes se développer ! Puisse cette salutaire réaction grandir ! Alors les spectres révolutionnaires s'évanouiront, la mort se vaincue. Puisse cette réaction des intelligences d'élite et des cœurs bien nés être l'aurore d'un jour plus beau et plus durable que tous ceux que nous avons traversés !

ISBN : 978-1530839803

www.ingramcontent.com/pod-product-compliance
Lightning Source LLC
Chambersburg PA
CBHW072027280526
45788CB00007B/2709